Première édition brochée
D/2005/3712/53
ISBN 2-87142-513-2

Deuxième édition album
ISBN 2-87142-375-X
D/2003/3712/09

Photogravure HTP
Imprimé en Belgique

Sylvie Auzary-Luton

Le retard du Père Noël

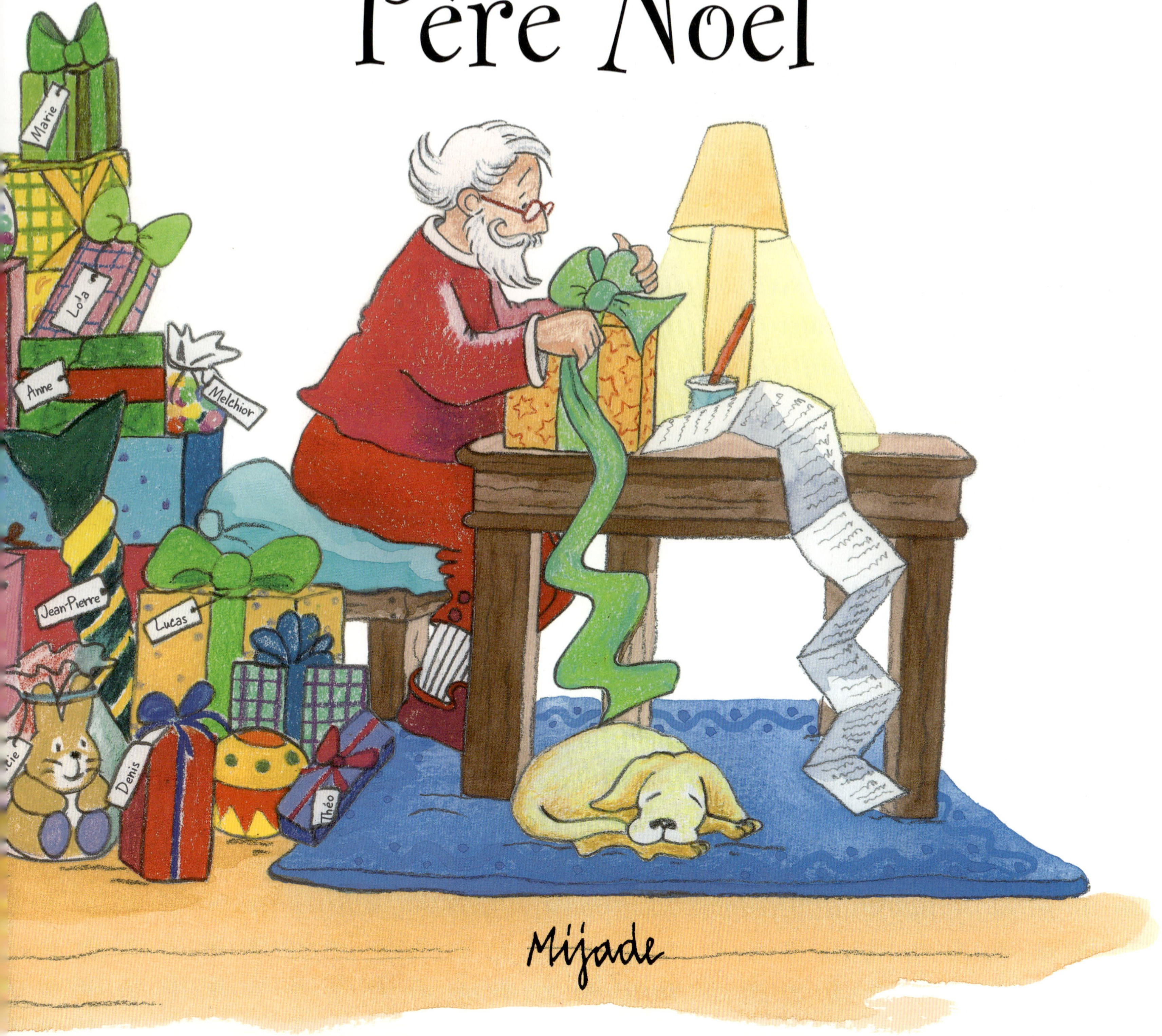

Mijade

Il est tard dans la nuit
et le Père Noël emballe encore des jouets
car demain soir, c'est Noël !
Tout à coup, il bâille.
« Je tombe de sommeil. »
Enfin, il arrive au dernier nom de la liste.
Le Père Noël prépare le jouet,
le papier, la ficelle, l'étiquette.
Il bâille à nouveau.
« J'ai vraiment sommeil. Je finirai demain. »

1 2 3 4 5 6 7
8 9 10 11 12 13 14
15 16 17 18 19 20 21
22 23 24 25 26 27 28
29 30 31
Baptiste

Le Père Noël éteint la lumière et monte se coucher.

Le lendemain matin,
le Père Noël est en pleine forme.
«Ce soir, c'est Noël! Je n'ai pas de temps à perdre.»
Il entre dans son atelier.
«Mais ... j'ai laissé un jouet ici...»
Le Père Noël vérifie sa liste.
«Le petit Baptiste a commandé
un nounours bleu aux yeux couleur noisette.»
Le Père Noël fronce les sourcils.
«C'est incroyable! Où est passé ce nounours?»

Il cherche partout. Pas de nounours.

Le Père Noël court à sa réserve de jouets.
Mais il ne reste que des nounours verts
avec des yeux violets.
«Catastrophe!» dit le Père Noël.

Alors, il entreprend des recherches dans toute la maison.

Le nounours reste introuvable.

«Le petit Baptiste va recevoir un nounours bleu
aux yeux couleur noisette, ou je ne suis plus le Père Noël!
Je vais de ce pas à l'usine de jouets,
de l'autre côté de la forêt. Les lutins
vont m'en fabriquer un!»

Le Père Noël attelle un élan à un petit traîneau rapide.
Les rennes le regardent avec étonnement.
« Je sais que ce n'est pas le moment d'aller se promener »,
leur dit le Père Noël, « mais il me manque un cadeau… »
A ces mots, les yeux des rennes s'écarquillent.
« …mais ne vous inquiétez pas, je vais arranger ça ! »

Et le Père Noël s'éloigne à toute vitesse...
Bientôt, il entend une meute de loups hurler dans la forêt.
Mais le petit traîneau file.
Plus loin, le Père Noël entend les grondements d'un ours féroce.
Mais il est trop pressé pour s'en inquiéter.

Lorsqu'il arrive à l'usine,
tout est fermé.
Il tambourine à la porte.

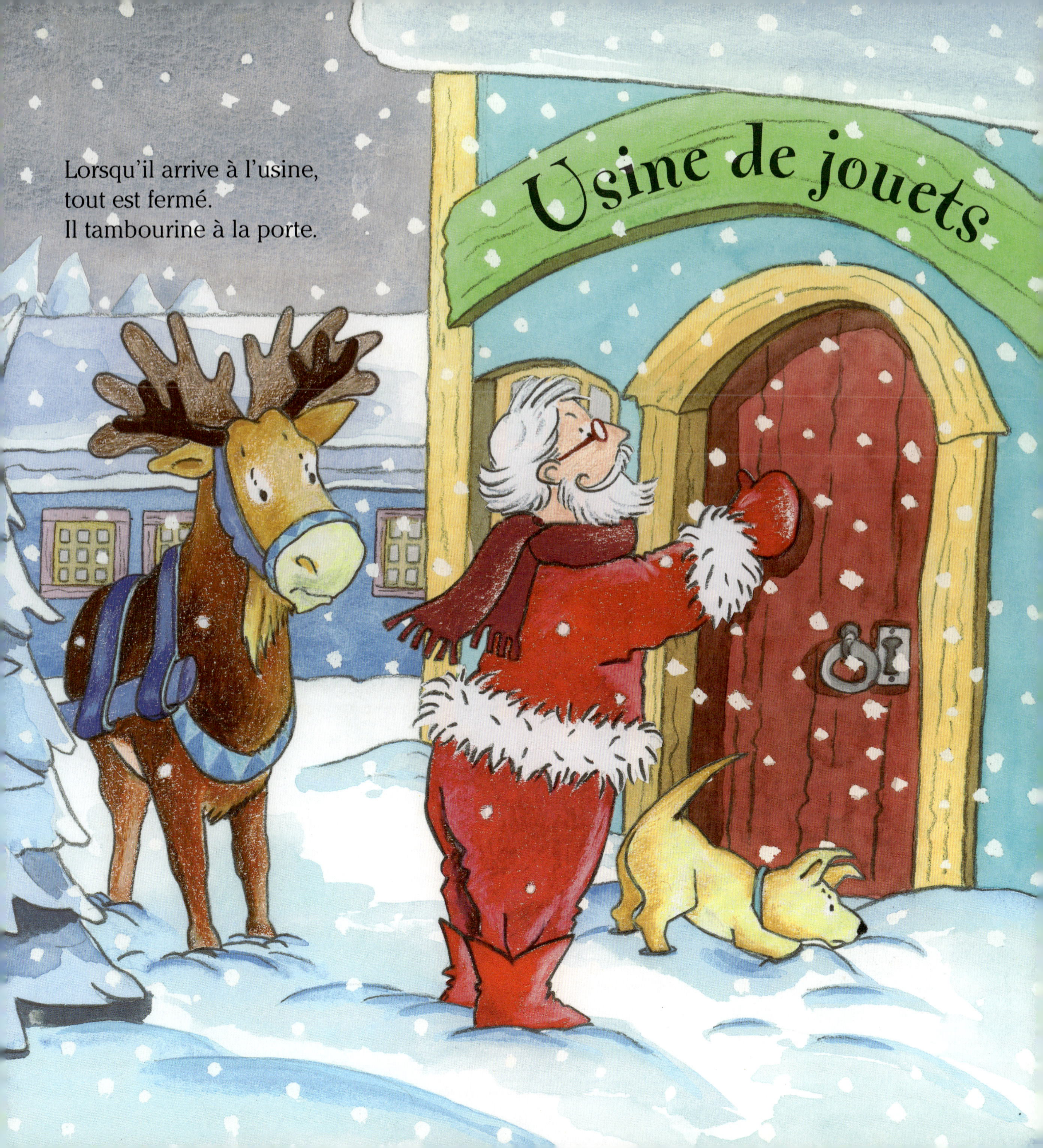

Un lutin se montre enfin.
« L'usine est fermée ! » dit-il.
« Tous les lutins sont en vacances.
La fabrication des jouets est terminée !
Moi, je suis le gardien. »
« Il me faut un nounours bleu
aux yeux couleur noisette »,
dit le Père Noël.

«Il n'y a plus aucun jouet ici, nous avons tout transporté
dans votre réserve. Le compte était exact», répond le lutin.
«Mais j'ai perdu un nounours bleu aux yeux couleur noisette!»
«Perdu un jouet!» s'exclame le lutin interloqué.
«Qu'est-ce que je vais faire?» demande le Père Noël.
«Retournez chez vous et cherchez mieux, il y est forcément.
Autrement, la tournée sera annulée», crie le lutin mécontent.
Et il claque la porte de l'usine.

Le Père Noël reprend son traîneau rapide et file sur la neige.
Tout à coup, l'ours blanc surgit devant lui, menaçant.
« Laisse-moi tranquille !
J'ai déjà assez d'ennuis comme ça.
J'ai perdu un jouet… »
Les yeux de l'ours s'écarquillent et il reste bouche bée.
Le Père Noël en profite pour poursuivre sa route.

Mais maintenant, les loups entourent le traîneau.
« Pas de bagarre aujourd'hui », leur dit le Père Noël,
« laissez-moi passer, j'ai perdu un jouet… »
Les yeux des loups s'écarquillent. Ils sont consternés.
Le petit traîneau file sur la neige.

Le Père Noël arrive chez lui. Les rennes viennent à sa rencontre.
Comète gratte le sol de son sabot.
Eclair montre le ciel au Père Noël.
« C'est l'heure de partir, je le sais bien. Mais d'abord,
il faut retrouver le nounours bleu aux yeux couleur noisette.
Il doit bien être quelque part !
Que tout le monde s'y mette ! » crie le Père Noël.

Alors, l'ours blanc et les loups cherchent dans la forêt,
les rennes dans la remise, le Père Noël dans la maison.
Le ciel rougit, annonçant la nuit. Tout le monde est très inquiet.
Le nounours reste introuvable.

Cette fois-ci, le Père Noël n’a plus d’espoir.
« Mes amis, vous savez que s’il manque un seul cadeau, la tournée est annulée. Eh bien, cette année… le Père Noël ne passera pas. »
A ces mots, tout le monde est désolé.

La nuit descend doucement.
Le Père Noël est si triste.
Il pense à tous les petits enfants qui l'attendent
et qui demain, ne trouveront rien sous leur sapin.
Simplement parce qu'il a égaré un nounours bleu.

Il ne voit pas son petit chien qui va dans son panier,

… prend son jouet

et le pose sur les genoux de son maître

… pour le réconforter.

Machinalement, le Père Noël caresse son chien.
Puis il lui dit : « Qu'est-ce que tu m'apportes ?
Le NOUNOURS… BLEU… AUX YEUX COULEUR NOISETTE !
Oh, le gentil chien !
Tu as retrouvé le nounours bleu !
Quel bon chien ! »

Maëlle
Marius
Jean-Marc
Baptiste

La nuit est bien noire, mais le Père Noël charge son traîneau avec entrain.
Il enfile son manteau rouge.
« Nous pouvons partir ! »
Les rennes piaffent.
Bientôt, le traîneau est un tout petit point à l'horizon et le Père Noël a encore bien du travail…